Cloud-Strategien für den Mittelstand

Andreas Pörtner MSc BBA

DIGITAL BUSINESS GUIDES

www.digital-business-guides.com

Ausgabe 05/2025

Inhalt

1.1 Was ist Cloud Computing?

Cloud Computing bezeichnet die Bereitstellung von IT-Ressourcen wie Rechenleistung, Speicher, Anwendungen und Plattformdiensten über das Internet („die Cloud"). Statt eigene Server zu betreiben, können Unternehmen auf bedarfsgerechte Dienste zurückgreifen, die von spezialisierten Anbietern bereitgestellt werden. Dies ermöglicht eine flexible Skalierung, hohe Verfügbarkeit und meist ein nutzungsabhängiges Abrechnungsmodell.

Cloud Computing ist längst kein Zukunftsthema mehr. Laut dem *Cloud Monitor 2024* von Bitkom Research setzen bereits über 80 % der mittelständischen Unternehmen in Deutschland auf Cloud-Technologien – sei es für E-Mail, Datenarchivierung, ERP oder Collaboration Tools.

1.2 Cloud-Service-Modelle: IaaS, PaaS, SaaS

Die drei zentralen Servicemodelle unterscheiden sich hinsichtlich des Umfangs der ausgelagerten IT-Komponenten:

- **Infrastructure as a Service (IaaS):**
  Unternehmen mieten virtuelle Rechenzentren – inklusive Speicher, Netzwerken und Rechenleistung – und betreiben darauf ihre eigenen Systeme. Bekannte Anbieter: Amazon Web Services (AWS), Microsoft Azure, IONOS Cloud.
- **Platform as a Service (PaaS):**
  Entwicklern werden Plattformen inklusive Entwicklungs- und Laufzeitumgebungen bereitgestellt. Die Wartung der Infrastruktur übernimmt der Anbieter. Vorteil: Schnellere Entwicklung cloudbasierter Anwendungen.
- **Software as a Service (SaaS):**
  Komplett fertige Softwarelösungen (z. B. CRM, ERP, DMS) werden als Dienst über das Internet bereitgestellt. Nutzer greifen über den Browser zu, ohne sich um Installation oder Wartung kümmern zu müssen.

Die Wahl des passenden Modells hängt stark von den internen IT-Ressourcen, der Flexibilität sowie dem gewünschten Einfluss auf Systemarchitektur und Betrieb ab.

Je nach Sicherheitsanforderung, Komplexität und Regulierungsvorgaben bieten sich unterschiedliche Betriebsmodelle an:

- **Public Cloud:**
  Mehrmandantenfähige Infrastruktur, die von einem externen Anbieter betrieben wird. Kostengünstig und skalierbar, aber weniger individuell.
- **Private Cloud:**
  Dedizierte Infrastruktur nur für ein Unternehmen – betrieben im eigenen Rechenzentrum oder durch einen Dienstleister. Höchste Kontrolle und Sicherheit, jedoch kostenintensiver.
- **Hybrid Cloud:**
  Kombination aus Private und Public Cloud. Häufige Praxis: Kritische Anwendungen in der Private Cloud, Standardsoftware in der Public Cloud.
- **Multi-Cloud:**
  Nutzung mehrerer Public-Cloud-Anbieter parallel – etwa zur Absicherung gegen Ausfälle, zur Kostenoptimierung oder für geografische Redundanz.

Diese Modelle lassen sich modular kombinieren und sollten Bestandteil einer ganzheitlichen Cloud-Strategie sein.

Chancen:

- **Kosteneffizienz:**
  Weniger Investitionen in eigene Hardware, reduzierte Betriebskosten und klare monatliche Planbarkeit durch Pay-per-Use-Modelle.

- **Skalierbarkeit:**
  Schnelle Anpassung an Wachstum, neue Geschäftsmodelle oder schwankende Nachfrage.
- **Innovationskraft:**
  Zugang zu neuesten Technologien (z. B. KI, Big Data, IoT), die sonst nur Konzernen vorbehalten wären.
- **Ortsunabhängiges Arbeiten:**
  Förderung von Homeoffice, Collaboration und flexiblen Arbeitsmodellen.

Herausforderungen:

- **Datenschutz & Compliance:**
  Anforderungen der DSGVO sowie branchenspezifische Vorgaben (z. B. in der Industrie, im Gesundheitswesen oder bei Versicherungen).
- **IT-Sicherheit:**
  Neue Bedrohungslagen durch externe Datenhaltung, z. B. Identitätsdiebstahl oder Ransomware.
- **Komplexität & Abhängigkeit:**
  Technologische und organisatorische Abhängigkeit von wenigen Anbietern – Stichwort „Vendor Lock-in".
- **Fachkräftemangel:**
  Fehlendes Know-how in Cloud-Architektur, Governance und IT-Operations bremst viele Projekte.

Fazit:

Cloud Computing bietet dem Mittelstand enorme Potenziale, um IT-Kosten zu senken, die Innovationsfähigkeit zu erhöhen und die Wettbewerbsfähigkeit zu sichern. Damit die Cloud-Transformation gelingt, ist jedoch ein strategisches Vorgehen notwendig, das Technik, Prozesse, Organisation und Menschen gleichermaßen berücksichtigt.

2.1 Warum Cloud? Argumente für die Geschäftsleitung

Cloud-Technologien sind längst mehr als nur ein IT-Trend – sie gelten als Grundpfeiler der digitalen Transformation. Für die Geschäftsleitung im Mittelstand ergeben sich daraus strategische Argumente, die über reine IT-Kosten hinausgehen:

- Wettbewerbsfähigkeit: Durch schnellere Markteinführung neuer digitaler Produkte und Dienstleistungen.
- Innovation Zugriff auf neueste Technologien wie KI, IoT oder Big Data ohne eigene Infrastruktur.
- Krisenfestigkeit: Höhere Resilienz und Business Continuity durch dezentrale Cloud-Infrastrukturen.
- Investitionssicherheit: Transformation von CapEx zu OpEx – keine hohen Vorabinvestitionen.

2.2 Cloud in der Unternehmensstrategie verankern

Cloud-Nutzung muss strategisch verankert und nicht nur technisch umgesetzt werden. Erfolgreiche Unternehmen formulieren eine Cloud-Vision, leiten konkrete Ziele ab und verknüpfen sie mit dem Geschäftsmodell. Die strategische Verankerung gelingt durch:

- Einbindung der Geschäftsleitung und aller Fachbereiche
- Definition einer Cloud-Roadmap mit messbaren Zielen
- Integration in die Digitalisierungsstrategie und IT-Governance
- Festlegung von KPIs zur Erfolgsmessung (z. B. Time-to-Market, Cloud-Nutzungsgrad, Kosteneinsparung)

2.3 Cloud und digitale Transformation: Wechselwirkungen

Cloud ist nicht nur Enabler, sondern Beschleuniger der digitalen Transformation. Viele Digitalisierungsinitiativen sind ohne Cloud-Technologien heute nicht mehr umsetzbar. Beispiele:

- Einführung eines digitalen Kundenportals (SaaS)
- Automatisierung interner Prozesse via RPA-Tools in der Cloud

- Datengetriebene Geschäftsmodelle auf Basis von Cloud Data Lakes

Cloud fungiert dabei als Technologiebasis, aber auch als Treiber organisatorischen Wandels – etwa durch agile Methoden, DevOps-Kultur und Self-Service-IT.

2.4 Der Cloud-Readiness-Check für KMU

Vor dem Einstieg in die Cloud empfiehlt sich ein strukturierter Readiness-Check. Folgende Aspekte sollten geprüft werden:

- Technologie: Welche Systeme sind cloudfähig? Gibt es Altlasten oder technische Blockaden?
- Organisation: Gibt es Fachkräfte mit Cloud-Know-how? Ist die IT-Abteilung offen für Veränderung?
- Prozesse: Wie standardisiert und dokumentiert sind bestehende Abläufe?
- Compliance: Welche regulatorischen Anforderungen gelten (DSGVO, ISO 27001)?
- Kosten: Welche Kosten entstehen durch Migration, Schulung und Betrieb?

Werkzeuge wie der Cloud-Readiness-Check des BSI oder der Digitalisierungs-Check von Pörtner Consulting können helfen, strukturiert zu bewerten.

2.5 Cloud als Innovationstreiber – Beispiele aus der Praxis

Zahlreiche Mittelständler nutzen die Cloud erfolgreich, um Innovationen umzusetzen:

- Ein Maschinenbauer bietet digitale Fernwartung über eine Cloud-Plattform an.
- Ein Möbelhersteller entwickelt über PaaS-Anwendungen eine AR-App für Online-Shops.
- Ein Logistikunternehmen nutzt Echtzeitdatenanalyse aus der Cloud für Routenoptimierung.

Die Innovationsgeschwindigkeit ist häufig nur durch die Flexibilität und Skalierbarkeit der Cloud realisierbar.

Langfristiger Erfolg mit der Cloud setzt mehr voraus als ein einzelnes Projekt – es braucht eine kulturelle Transformation:

- Change Management: Mitarbeiter müssen in die Transformation einbezogen und geschult werden.

- Fehlerkultur: Schnelles Lernen aus Fehlversuchen (Fail Fast) fördern.

- Agilität: Einführung agiler Methoden zur Produktentwicklung und IT-Steuerung.

Cloud-Strategien sollten daher auch kulturelle Aspekte mitdenken, z. B. durch interne Champions-Programme oder crossfunktionale Teams.

Die erfolgreiche Etablierung einer Cloud-Strategie im Mittelstand hängt an mehreren kritischen Erfolgsfaktoren:

- Top-Management-Support: Ohne Rückendeckung der Geschäftsführung fehlt Akzeptanz.
- IT- und Fachbereichskooperation: Die Cloud betrifft nicht nur die IT, sondern alle Fachbereiche.
- Klare Verantwortlichkeiten: Cloud-Governance-Strukturen mit Rollen wie Cloud Architect oder Cloud Owner.
- Kontinuierliche Weiterbildung: Aufbau eines Cloud-Kompetenzzentrums (CoE) oder externe Trainings.

Diese Faktoren sollten bereits bei der Strategieentwicklung berücksichtigt und in die Projektstruktur integriert werden.

3.1 Analyse des Ist-Zustands (IT, Prozesse, Compliance)

Eine solide Cloud-Strategie beginnt mit einer gründlichen Analyse des Status quo. Dabei sollten technische, organisatorische und regulatorische Aspekte gleichermaßen berücksichtigt werden:

- IT-Infrastruktur: Welche Systeme laufen derzeit on-premise? Gibt es Virtualisierung? Sind Systeme veraltet oder modern? Wie hoch ist der Wartungsaufwand?
- Prozesslandschaft: Welche Kernprozesse sind bereits digitalisiert? Welche Prozesse lassen sich durch Cloud-Lösungen vereinfachen oder automatisieren?
- Datenarchitektur: Welche Daten existieren? Wie sind sie strukturiert, klassifiziert und gesichert?
- Compliance-Risiken: Welche Normen, Branchenstandards und gesetzlichen Anforderungen gelten für das Unternehmen (z. B. DSGVO, ISO 27001, GoBD)?

Ein Cloud Readiness Assessment oder eine GAP-Analyse schafft hier Klarheit und legt den Grundstein für die nächsten Schritte.

3.2 Zielbild & Nutzenversprechen definieren

Auf Grundlage der Analyse wird das strategische Zielbild entwickelt. Dieses sollte idealerweise folgende Fragen beantworten:

- Was sind die strategischen Ziele der Cloud-Nutzung (z. B. Kostensenkung, Agilität, Innovation)?
- Welche Anwendungen und Systeme sollen langfristig in der Cloud betrieben werden?
- Wie wird der Nutzen für Fachbereiche, Kunden und Mitarbeitende sichtbar?
- Welche Benchmarks und KPIs sollen erreicht werden?

Ein klar formuliertes Zielbild dient als Orientierungshilfe für alle Projektbeteiligten. Dabei sollte auf eine unternehmensweite Kommunikation Wert gelegt werden.

3.3 Cloud-Governance, Architekturprinzipien und Standards

Eine Cloud-Strategie ohne Governance läuft Gefahr, unkontrollierte Strukturen entstehen zu lassen („Cloud Sprawl"). Notwendig sind verbindliche Richtlinien:

- Architekturprinzipien: Microservices, Container, API-first, Modularität
- Sicherheitsrichtlinien: Rollen- und Rechtekonzepte, Verschlüsselung, Zugriffskontrollen
- Kostenkontrolle: Definition von Budgets, Verantwortlichkeiten, FinOps
- Compliance-Vorgaben: Dokumentationspflichten, Nachweisführung, Datenschutzprozesse

Die Entwicklung einer unternehmensweiten Cloud Governance ist essenziell für ein nachhaltiges Cloud Management.

3.4 Make or Buy: Eigene Cloud-Architektur vs. Managed Services

Im Mittelstand stellt sich häufig die Frage, ob die Cloud-Infrastruktur selbst betrieben werden soll oder über Managed Services. Die Entscheidung sollte auf Basis folgender Kriterien getroffen werden:

- Komplexität: Wie komplex sind die Anforderungen? Ist internes Know-how vorhanden?
- Skalierung: Welche Wachstumsraten sind realistisch? Wie dynamisch ist das Geschäftsmodell?
- Compliance & Sicherheit: Gibt es branchenspezifische Sicherheitsanforderungen?
- Kostenmodell: Was ist günstiger: eigene Ressourcen oder externe Dienstleistungen?

Ein hybrider Ansatz mit selektiver Auslagerung (z. B. Betrieb von ERP on-premise, Collaboration in der Cloud) ist oft sinnvoll.

Der Erfolg einer Cloud-Strategie hängt maßgeblich von der Akzeptanz im Unternehmen ab. Stakeholder aus allen relevanten Bereichen – IT, Fachabteilungen, Datenschutz, Betriebsrat – sollten frühzeitig eingebunden werden.

Erfolgsfaktoren für die Kommunikation:

- Transparenz: Offenlegung der Ziele, Chancen, aber auch Herausforderungen
- Dialogorientierung: Workshops, Interviews, Umfragen zur Bedarfserhebung
- Change-Kommunikation: Begleitung durch interne Kommunikation, Newsletter, Intranet
- Quick Wins: Früh sichtbare Erfolge stärken das Vertrauen in die Strategie

Ein dedizierter Kommunikationsplan kann helfen, Unsicherheiten abzubauen und die Mitarbeiter zu aktivieren.

3.6 Projektplanung und Roadmap erstellen

Eine realistische Roadmap ist der Fahrplan für die Umsetzung. Sie enthält:

- Zeitliche Meilensteine
- Verantwortlichkeiten und Ressourcen
- Priorisierung nach Business Impact
- Budgetplanung

Typische Phasen:

1. Pilotprojekte / MVPs in ausgewählten Bereichen

2. Erweiterung auf Kernsysteme und -prozesse

3. Integration mit Legacy-Systemen

4. Etablierung des Cloud-Betriebs

Die Roadmap sollte regelmäßig überprüft und angepasst werden – idealerweise im Quartalsrhythmus.

Am Ende des Strategieprozesses steht die formelle Verabschiedung der Cloud-Strategie durch die Geschäftsleitung.

Ein typisches Strategiepapier enthält:

- Executive Summary
- Zielbild und Leitprinzipien
- Governance- und Sicherheitskonzept
- Umsetzungs-Roadmap
- Rollen und Zuständigkeiten
- Migrationsplanung

Dieses Dokument dient als Referenz für die Umsetzung und als Legitimation gegenüber internen und externen Partnern.

4.1 Datenschutz (DSGVO), Auftragsverarbeitung & Cloud-Anbieter

Der Schutz personenbezogener Daten ist im Cloud-Umfeld von zentraler Bedeutung – insbesondere für mittelständische Unternehmen, die in der Regel keine eigene Rechtsabteilung unterhalten. Die Datenschutz-Grundverordnung (DSGVO) gilt seit 2018 verbindlich in der gesamten EU und verpflichtet Unternehmen, personenbezogene Daten rechtskonform zu verarbeiten und zu schützen.

Bei der Nutzung von Cloud-Diensten agiert der Cloud-Anbieter in vielen Fällen als Auftragsverarbeiter im Sinne von Art. 28 DSGVO. Das bedeutet: Das mittelständische Unternehmen bleibt datenschutzrechtlich verantwortlich und muss sicherstellen, dass der Anbieter alle datenschutzrechtlichen Vorgaben einhält. Ein Auftragsverarbeitungsvertrag (AVV) ist zwingend erforderlich – und sollte auch geprüft werden, ob Standardvertragsklauseln oder andere geeignete Garantien (z. B. Binding Corporate Rules) für internationale Anbieter vorliegen.

Wichtige Anforderungen an Cloud-Anbieter aus Datenschutzsicht sind:

- Datenverarbeitung ausschließlich im EWR oder unter gleichwertigen Schutzbedingungen
- Technisch-organisatorische Maßnahmen (TOMs) nach Art. 32 DSGVO
- Transparenz über Unterauftragnehmer und Speicherorte
- Löschkonzepte, Zugriffsbeschränkungen und Datenportabilität

Die Auswahl des Cloud-Anbieters muss also nicht nur wirtschaftlichen, sondern auch rechtlichen Kriterien folgen. Ein strukturierter Auswahlprozess sollte stets auch juristisch begleitet werden.

4.2 ISO 27001, BSI C5, TISAX & relevante Sicherheitsstandards

Neben der DSGVO existieren weitere Sicherheitsstandards, die für die Auswahl und Bewertung von Cloud-Diensten relevant sind. Diese Standards geben Unternehmen Orientierung, wie sie ein angemessenes Sicherheitsniveau definieren und prüfen können.

- ISO/IEC 27001: Der international etablierte Standard für Informationssicherheitsmanagementsysteme (ISMS). Viele professionelle Cloud-Anbieter sind nach ISO 27001 zertifiziert. Für mittelständische Unternehmen kann diese Zertifizierung ein wichtiges Auswahlkriterium darstellen.
- BSI C5 (Cloud Computing Compliance Controls Catalogue): Ein Standard des Bundesamts für Sicherheit in der Informationstechnik (BSI), der konkrete Anforderungen an Cloud-Anbieter formuliert, insbesondere für Unternehmen in Deutschland. Der C5-Katalog beinhaltet Anforderungen zur Transparenz, Sicherheit und Auditierbarkeit von Cloud-Diensten.
- TISAX: Vor allem in der Automobilindustrie relevant. Der Trusted Information Security Assessment Exchange ist ein Standard für den sicheren Datenaustausch zwischen OEMs und Zulieferern – auch in der Cloud.

Diese Standards sind kein Selbstzweck, sondern bieten rechtliche und technische Sicherheit. Mittelständler sollten bei der Anbieterwahl bewusst nachfragen, welche Zertifizierungen vorliegen und ob diese regelmäßig auditiert werden.

4.3 Standortwahl, Datenklassifikation und Zugriffskontrollen

Der physische und rechtliche Standort der Datenverarbeitung spielt eine zentrale Rolle bei der Bewertung von Cloud-Lösungen. Insbesondere bei Public-Cloud-Angeboten globaler Hyperscaler (z. B. AWS, Microsoft Azure, Google Cloud) werden Daten häufig grenzüberschreitend verarbeitet – was datenschutzrechtlich problematisch sein kann, sofern kein angemessenes Schutzniveau gewährleistet ist.

Ein entscheidender Schritt zur Sicherstellung der Compliance ist die Datenklassifikation: Unternehmen müssen ihre Daten in Kategorien einteilen – etwa in „öffentlich", „vertraulich", „personenbezogen", „sicherheitskritisch". Nur so kann später entschieden werden, welche Daten für welche Cloud-Dienste geeignet sind.

Zugriffskontrollen sind ebenfalls ein zentrales Thema: Wer darf wann, wie und worauf zugreifen? Technisch umgesetzt werden diese Kontrollen häufig durch Identity- und Access-Management-Systeme (IAM), Rollenkonzepte, Multifaktor-Authentifizierung sowie Protokollierung und Monitoring aller Zugriffe.

Wichtige Fragestellungen für Mittelständler:

- Wo werden meine Daten physisch gespeichert?
- Welche Gesetze gelten dort (z. B. US CLOUD Act)?
- Wer hat technisch Zugriff auf die Daten?
- Wie sind Backup, Verschlüsselung und Logging geregelt?

4.4 Exit-Strategien und Reversibilität von Cloud-Verträgen

Ein oft vernachlässigter Aspekt in der Cloud-Strategie ist die Exit-Strategie – also die Frage, wie sich das Unternehmen bei Bedarf wieder von einem Cloud-Anbieter lösen kann. Dies kann erforderlich werden, wenn der Anbieter den Service einstellt, die Preise massiv erhöht oder Sicherheitsprobleme auftreten.

Relevante Punkte in der Exit-Planung:

- Vertragliche Reversibilität: Die Rückführung der Daten in eine eigene Infrastruktur oder die Migration zu einem anderen Anbieter muss vertraglich geregelt sein.
- Datenexport: Der Anbieter sollte standardisierte Schnittstellen und Exportformate bereitstellen.
- Löschkonzept: Nach Vertragsende müssen alle Daten zuverlässig und nachvollziehbar gelöscht werden.
- Übergangsregelungen: Ein definierter Zeitraum für die Datenmigration und Unterstützung durch den Anbieter sind empfehlenswert.

In der Praxis empfiehlt sich ein Exit-Check vor Vertragsabschluss. Unternehmen sollten außerdem regelmäßig überprüfen, ob sie sich noch in einem reversiblen Zustand befinden („Vendor Lock-in vermeiden").

Kapitel 5: Auswahl und Bewertung von Cloud-Anbietern

5.1 Kriterienkatalog für die Anbieterauswahl

Die Auswahl eines geeigneten Cloud-Anbieters stellt eine der wichtigsten strategischen Entscheidungen im Rahmen der Cloud-Transformation dar. Gerade für mittelständische Unternehmen, die über begrenzte Ressourcen und IT-Kapazitäten verfügen, ist es essenziell, den richtigen Partner zu wählen.

Ein strukturierter Kriterienkatalog kann helfen, die Anbieter objektiv zu vergleichen. Wichtige Kriterien sind:

- Technische Leistungsfähigkeit: Skalierbarkeit, Verfügbarkeit (SLA), Performance, Netzwerkanbindung.
- Sicherheitsstandards: ISO-Zertifizierungen, BSI C5, TISAX, Datenschutzmaßnahmen, Verschlüsselung.
- Compliance-Fähigkeit: DSGVO-Konformität, Datenstandort, AV-Verträge, Auditierbarkeit.
- Kundensupport: Erreichbarkeit, deutschsprachiger Support, 24/7-Verfügbarkeit, persönliche Ansprechpartner.
- Kostenstruktur: Transparente Preismodelle, keine versteckten Gebühren, Pay-as-you-go vs. Flatrate.
- Innovationsgrad: Angebot zusätzlicher Dienste wie KI, Machine Learning, IoT-Integration.
- Integrationsfähigkeit: Kompatibilität mit bestehender IT, standardisierte APIs, Migrationswerkzeuge.

Ein Bewertungsschema mit Gewichtung kann dabei helfen, Anbieter nach Unternehmenszielen zu priorisieren.

5.2 Marktüberblick: Hyperscaler vs. Mittelstands-Anbieter

Der Markt für Cloud-Anbieter ist sehr heterogen. Grundsätzlich lassen sich zwei Gruppen unterscheiden:

1. Hyperscaler (z. B. Amazon Web Services, Microsoft Azure, Google Cloud):

Diese Anbieter verfügen über weltweit verteilte Rechenzentren, eine hohe Innovationsgeschwindigkeit und ein sehr breites Serviceportfolio. Sie sind besonders geeignet für Unternehmen mit komplexen Anforderungen und globaler Ausrichtung.

2. Mittelständische bzw. europäische Anbieter (z. B. IONOS Cloud, T-Systems, plusserver):

Diese Anbieter punkten mit lokaler Nähe, deutschsprachigem Support, höherer Transparenz und klaren Datenschutzkonzepten. Sie sind besonders geeignet für Unternehmen, die besonderen Wert auf Datenschutz, Datensouveränität und persönliche Betreuung legen.

Bei der Auswahl sollte auch die Branchenerfahrung des Anbieters berücksichtigt werden. Manche Provider sind stark im industriellen Umfeld verankert, andere haben sich auf Gesundheitswesen oder Finanzdienstleistungen spezialisiert.

5.3 Vertragsgestaltung, SLAs und Preismodelle

Ein oft unterschätzter Aspekt ist die Vertragsgestaltung mit Cloud-Anbietern. Anders als bei klassischen Software-Lizenzverträgen haben Cloud-Verträge eine hohe Dynamik und müssen klare rechtliche und betriebliche Rahmenbedingungen definieren.

Wichtige Vertragsbestandteile:

- Beschreibung der bereitgestellten Dienste (Servicebeschreibung)
- SLAs (Service Level Agreements) mit garantierter Verfügbarkeit (z. B. 99,9 %)
- Reaktionszeiten bei Supportanfragen (1st-Level, 2nd-Level, etc.)
- Regelungen zu Wartungsfenstern, Updates, Downtime
- Haftung und Gewährleistung, insbesondere bei Datenverlust
- Kündigungsfristen und Datenrückführung bei Vertragsende

Preismodelle:

- Pay-per-Use (nutzungsabhängig): Ideal bei schwankendem Bedarf
- Subscription (pauschal): Planbar, aber eventuell teurer
- Mischmodelle: Kombination aus Basispauschale und variabler Komponente

Unternehmen sollten die Total Cost of Ownership (TCO) betrachten – inklusive interner Aufwände, Schulungen und Support.

Viele Unternehmen entscheiden sich mittlerweile bewusst für eine Multi-Cloud-Strategie. Dabei werden mehrere Cloud-Anbieter parallel genutzt – etwa zur Risikominimierung, zur Kostenoptimierung oder zur besseren Abdeckung spezieller Anforderungen.

Vorteile der Multi-Cloud:

- Reduktion der Abhängigkeit von einem Anbieter
- Flexibilität bei Preis- und Leistungsunterschieden
- Nutzung spezieller Services einzelner Anbieter (z. B. BigQuery von Google, Azure AD von Microsoft)

Risiken und Herausforderungen:

- Komplexere Verwaltung und Integration
- Unterschiedliche Sicherheitsstandards und Management-Tools
- Höherer Schulungsbedarf für Mitarbeitende

Ein zentrales Ziel jeder Cloud-Strategie sollte sein, Vendor Lock-ins zu vermeiden – also technische oder vertragliche Abhängigkeiten, die den Anbieterwechsel erschweren. Maßnahmen zur Vermeidung sind:

- Verwendung offener Standards (z. B. Docker, Kubernetes)
- Nutzung von Middleware und Integrationsplattformen
- Verhandlung von Exit-Klauseln und standardisierten Exportformaten

6.1 Grundlagen der Cloud-Migration

Die Migration von IT-Systemen in die Cloud ist ein komplexer, aber essenzieller Prozess im Rahmen der digitalen Transformation. Sie beinhaltet nicht nur die technische Verlagerung von Workloads, sondern auch strategische, organisatorische und kulturelle Veränderungen.

Typische Gründe für eine Migration sind:

- Veraltete IT-Infrastruktur mit hohen Betriebskosten
- Skalierungsprobleme durch wachsende Datenmengen und Nutzerzahlen
- Anforderungen an höhere Flexibilität, Mobilität und Innovationsfähigkeit
- Notwendigkeit der Erfüllung regulatorischer Anforderungen (z. B. durch besseres Logging, Rechenzentrumszertifizierungen)

Eine erfolgreiche Migration erfordert daher eine gründliche Planung, ein interdisziplinäres Projektteam und eine klare Kommunikation der Ziele innerhalb des Unternehmens.

6.2 Cloud-Migrationsstrategien im Überblick

Es gibt mehrere Strategien zur Migration von IT-Systemen in die Cloud. Die Wahl der passenden Methode hängt vom Zustand der vorhandenen Systeme, der gewünschten Zielarchitektur und den Ressourcen des Unternehmens ab.

- Lift & Shift: Direkte Übernahme der bestehenden Systeme in die Cloud (auch "Rehosting" genannt). Vorteil: Schnell umsetzbar. Nachteil: Potenzial der Cloud wird nicht ausgeschöpft.
- Replatforming: Migration mit leichten Optimierungen (z. B. Datenbankwechsel, Betriebssystemwechsel), ohne Neuentwicklung.
- Refactoring (Rearchitecting): Tiefgreifende Umgestaltung oder Neuentwicklung einer Anwendung für die Cloud (z. B. Nutzung von Microservices, Containertechnologien).
- Retire: Stilllegung veralteter Systeme, die nicht mehr benötigt werden.

- Retain: Beibehaltung bestimmter Systeme on-premise, wenn Migration keinen Sinn ergibt.

Jede Strategie hat eigene Anforderungen, Risiken und Kosten. Ein hybrider Ansatz, bei dem unterschiedliche Strategien kombiniert werden, ist in der Praxis häufig erfolgreich.

6.3 Vorbereitung der Migration: Analyse und Planung

Vor dem eigentlichen Migrationsprozess steht eine detaillierte Analyse der bestehenden IT-Landschaft. Ziel ist es, die Abhängigkeiten, Schwachstellen und Potenziale zu identifizieren.

Wichtige Schritte in der Vorbereitungsphase:

- Bestandsaufnahme: Dokumentation aller Systeme, Anwendungen, Datenbanken, Schnittstellen.
- Abhängigkeitsanalyse: Welche Systeme sind voneinander abhängig? Gibt es veraltete Schnittstellen?
- Kritikalitätsbewertung: Welche Systeme sind geschäftskritisch? Welche sind leicht migrierbar?
- Datenschutzanalyse: Welche Daten unterliegen besonderen Schutzanforderungen?
- Cloud Readiness Check: Technische und organisatorische Bewertung der Cloud-Eignung.

Auf Basis dieser Analysen wird ein Migrationsplan erstellt. Dieser enthält Zeitpläne, Ressourcenbedarf, Prioritäten, Verantwortlichkeiten und Meilensteine. Auch ein Risikomanagementplan sollte bereits in dieser Phase definiert werden.

6.4 Durchführung der Migration

Die operative Umsetzung der Migration erfolgt meist in mehreren Wellen oder Etappen, um Risiken zu minimieren und Auswirkungen auf den laufenden Betrieb gering zu halten.

Typische Phasen der Migration:

1. Pilotmigration: Auswahl eines nicht geschäftskritischen Systems zur Erprobung der Prozesse.

2. Test- und Validierungsphase: Funktionstests, Performance-Tests, Sicherheitsüberprüfungen.

3. Produktivmigration: Schrittweise Überführung der priorisierten Systeme.

4. Optimierungsphase: Feinjustierung der Cloud-Umgebung, Performanceverbesserungen, Monitoring.

Während der Migration sind folgende Erfolgsfaktoren entscheidend:

- Klare Verantwortlichkeiten (Projektleitung, IT, Datenschutz, Fachbereiche)
- Kommunikation mit allen Stakeholdern (auch extern)
- Nutzung von Automatisierungswerkzeugen und Migrationstools
- Rückfallpläne bei Migrationsfehlern (Rollback-Strategien)

6.5 Typische Herausforderungen und wie man sie meistert

Trotz sorgfältiger Planung können bei der Cloud-Migration vielfältige Probleme auftreten. Eine proaktive Vorbereitung auf diese Herausforderungen kann Ausfälle, Verzögerungen und Kostensteigerungen vermeiden.

Häufige Stolperfallen:

- Unzureichende Datenqualität: Mangelhafte oder veraltete Daten behindern die Migration.
- Technische Inkompatibilitäten: Alte Systeme sind nicht cloudfähig oder benötigen Anpassungen.
- Mangelndes internes Know-how: Fehlendes Wissen über Cloud-Technologien verlangsamt den Fortschritt.
- Fehlende Tests: Nicht getestete Systeme verhalten sich in der Cloud anders als erwartet.
- Unklare Zuständigkeiten: Verzögerungen durch unklare Rollenverteilung im Projektteam.

Lösungen:

- Durchführung eines umfassenden Probelaufs (Dry Run)
- Aufbau interner Cloud-Kompetenz (z. B. durch Schulungen)
- Einsatz externer Migrationspartner oder Berater
- Einführung eines Change-Management-Prozesses zur Begleitung der Mitarbeiter

6.6 Tools und Plattformen zur Unterstützung der Migration

Der Einsatz geeigneter Tools kann den Migrationsprozess erheblich vereinfachen. Marktführende Cloud-Anbieter stellen eigene Werkzeuge zur Verfügung:

- AWS Migration Hub: Zentraler Überblick über den Migrationsfortschritt bei AWS.
- Azure Migrate: Unterstützt beim Assessment und bei der Migration zu Microsoft Azure.
- Google Cloud Migrate: Tool für die Migration von VMs, Datenbanken und Anwendungen.

Zusätzlich gibt es herstellerunabhängige Tools wie:

- CloudEndure (AWS): Live-Migration mit minimaler Ausfallzeit
- Carbonite Migrate: Migration physischer, virtueller und cloudbasierter Workloads
- Riversand, Talend, Informatica: Datenintegration und -transformation

Diese Tools bieten Funktionen wie Automatisierung, Fehleranalyse, Logging und Sicherheitsscans – essenziell für einen reibungslosen Ablauf.

6.7 Kommunikation und Change Management während der Migration

Die technische Migration ist nur ein Teil des Erfolgs. Mindestens ebenso wichtig ist die begleitende Kommunikation im Unternehmen. Die Cloud-Migration ist ein Veränderungsprozess, der Unsicherheiten, Widerstände und Schulungsbedarfe erzeugt.

Wichtige Maßnahmen:

- Frühzeitige Information aller betroffenen Mitarbeitenden
- Regelmäßige Updates über Projektstatus und nächste Schritte

- Workshops und Schulungen zu neuen Tools und Prozessen
- Einrichtung eines Support-Teams oder Helpdesk für Fragen

Ziel ist es, Vertrauen aufzubauen, Widerstände abzubauen und ein gemeinsames Verständnis für den Nutzen der Cloud-Migration zu schaffen. Ein aktives Change Management mit klarer Rollenverteilung und interner Kommunikation ist hierfür unverzichtbar.

6.8 Nachhaltigkeit, Qualitätssicherung und Lessons Learned

Nach erfolgreicher Migration endet das Projekt nicht. Vielmehr beginnt der Prozess der kontinuierlichen Verbesserung. Eine strukturierte Nachbereitungsphase stellt sicher, dass Erkenntnisse dokumentiert und Verbesserungspotenziale genutzt werden.

Checkliste für die Qualitätssicherung:

- Wurden alle Migrationsziele erreicht?
- Gibt es offene Probleme oder ungelöste Tickets?
- Wie ist die Nutzerzufriedenheit?
- Welche Systeme laufen stabil, welche benötigen Nachjustierung?
- Welche Learnings ergeben sich für zukünftige Migrationsprojekte?

Dokumentation und Wissenstransfer sollten verbindlich festgehalten werden. Idealerweise fließen die Ergebnisse in einen „Cloud Migration Guide" ein, der für weitere Vorhaben genutzt werden kann.

7.1 Betrieb und Monitoring cloudbasierter Systeme

Nach der erfolgreichen Migration in die Cloud beginnt die Betriebsphase, in der die cloudbasierten Systeme kontinuierlich überwacht, gewartet und optimiert werden müssen. Anders als bei klassischem IT-Betrieb erfordert der Cloud-Betrieb ein Umdenken in Bezug auf Monitoring, Skalierung und Ressourcenmanagement.

Monitoring in der Cloud umfasst:

- Verfügbarkeit: Ist die Anwendung rund um die Uhr erreichbar?
- Leistung: Wie schnell reagieren Dienste und Schnittstellen?
- Auslastung: Wie stark werden CPU, Speicher und Netzwerkressourcen beansprucht?
- Sicherheitsereignisse: Gibt es verdächtige Zugriffe, unautorisierte Anmeldungen oder Angriffe?

Tools wie Amazon CloudWatch, Azure Monitor oder Prometheus/Grafana ermöglichen ein zentrales, automatisiertes Monitoring. Sie generieren Alerts, visualisieren Metriken und liefern Entscheidungsgrundlagen für die Systemoptimierung.

Ein klarer Betriebsprozess für Incident Management, Problem Management und Change Management auf Basis von ITIL kann helfen, den Betrieb strukturiert zu steuern.

7.2 Kostenkontrolle und FinOps in der Cloud

Ein zentrales Thema im Cloud-Betrieb ist die Kontrolle der laufenden Kosten. Während sich die Cloud durch Flexibilität auszeichnet, birgt sie auch das Risiko unkontrollierter Ausgaben, wenn Ressourcen dauerhaft oder ungenutzt bereitgestellt werden.

FinOps (Financial Operations) ist ein Ansatz, um Kostenmanagement, Controlling und operative Nutzung der Cloud zusammenzuführen. Ziel ist es,

Transparenz über Verbrauch und Ausgaben zu schaffen und Verantwortlichkeiten im Unternehmen zu klären.

Elemente eines erfolgreichen FinOps-Ansatzes:

- Kostenmonitoring in Echtzeit: Nutzung von Dashboards und Reportingtools zur Nachverfolgung aller Cloud-Ausgaben.
- Budgetierung & Forecasting: Abbildung von Budgets auf Organisationseinheiten und Projekte.
- Showback & Chargeback: Interne Weiterbelastung oder Sichtbarmachung der verursachten Kosten pro Team.
- Optimierung & Rightsizing: Analyse von Ressourcen, die überdimensioniert oder ungenutzt sind.

Anbieter wie AWS Cost Explorer, Azure Cost Management oder Tools wie CloudHealth und Apptio helfen dabei, FinOps im Unternehmen zu etablieren.

7.3 Rollen, Verantwortlichkeiten und Betriebsteams

Im Cloud-Betrieb verändern sich klassische Rollenbilder. Die bisherige Trennung zwischen Infrastruktur, Entwicklung und Betrieb wird zunehmend aufgelöst – stattdessen entstehen crossfunktionale Teams mit übergreifender Verantwortung.

Typische Rollen im Cloud-Betrieb:

- Cloud Architect: Verantwortlich für das technische Gesamtdesign der Cloud-Umgebung.
- Cloud Operations Engineer: Überwacht den laufenden Betrieb, implementiert Monitoring und Automatisierung.
- DevOps Engineer: Verbindet Entwicklungs- und Betriebsprozesse durch CI/CD-Pipelines und Automatisierung.
- FinOps Specialist: Verantwortlich für Kostenanalyse, Budgetierung und Kostenoptimierung.
- Security Engineer: Kümmert sich um Cloud-spezifische Sicherheitsmechanismen wie Identity Management, Verschlüsselung, Logs.

Diese Rollen müssen klar definiert und mit geeigneten Kompetenzen besetzt werden. Gleichzeitig verändert sich auch die Zusammenarbeit mit Fachabteilungen, die durch Self-Service-Portale oder Automatisierungstools selbstständig agieren können.

Ein zentraler Vorteil der Cloud ist die Möglichkeit zur Automatisierung von Betriebsaufgaben und zur Einführung von Self-Service-Strukturen. Dies führt zu höherer Effizienz, geringerer Fehleranfälligkeit und beschleunigten Bereitstellungsprozessen.

Typische Automatisierungsansätze:

- Infrastructure as Code (IaC): Automatisierte Bereitstellung von Infrastruktur über Tools wie Terraform, Ansible oder AWS CloudFormation.
- CI/CD-Pipelines: Kontinuierliche Integration und Auslieferung neuer Softwareversionen.
- Monitoring & Scaling: Automatisches Skalieren von Ressourcen bei Lastspitzen.

Self-Service-Portale ermöglichen es Fachbereichen, IT-Ressourcen wie Datenbanken, Speicher oder virtuelle Maschinen selbst anzufordern – nach definierten Regeln und Genehmigungsprozessen.

Die Kombination aus Automatisierung und Self-Service führt zu einer stärkeren Dezentralisierung und beschleunigt Innovationsprozesse im Unternehmen.

Die Sicherheit im Cloud-Betrieb muss kontinuierlich überwacht und an neue Bedrohungslagen angepasst werden. Cloud Security ist kein statisches Ziel, sondern ein dynamischer Prozess, der Governance, Technologie und menschliches Verhalten umfasst.

Wichtige Sicherheitsmaßnahmen:

- Zugriffskontrollen: Granulare Rechtevergabe, Multifaktor-Authentifizierung, Zero Trust-Prinzipien.

- Verschlüsselung: End-to-End-Verschlüsselung von Daten bei Speicherung und Übertragung.
- Monitoring: Analyse von Logs, Sicherheitswarnungen und Anomalien in Echtzeit.
- Patch-Management: Automatisierte Updates für Betriebssysteme und Anwendungen.
- Penetrationstests: Regelmäßige Sicherheitsüberprüfungen durch interne oder externe Teams.

Sicherheitsrichtlinien und Audits sollten regelmäßig aktualisiert werden. Tools wie AWS Security Hub, Azure Security Center oder Open-Source-Lösungen wie Wazuh können helfen, ein umfassendes Sicherheitsmonitoring aufzubauen.

7.6 Integration von Cloud-Services in bestehende IT-Landschaften

Der Cloud-Betrieb endet nicht an der Grenze zur Unternehmens-IT. Vielmehr müssen Cloud-Dienste nahtlos mit bestehenden On-Premise-Systemen, Netzwerken und Anwendungen integriert werden.

Typische Integrationsszenarien:

- Hybrid-Cloud: Kombination aus lokalen Rechenzentren und Cloud-Ressourcen (z. B. Backup, Archivierung).
- Identity Federation: Einbindung der Cloud in bestehende Authentifizierungssysteme (z. B. Active Directory).
- Datenintegration: Synchronisation und Konsolidierung von Daten über Tools wie Boomi, Talend oder Apache Nifi.
- Netzwerkintegration: VPN-Verbindungen, dedizierte Leitungen (z. B. Azure ExpressRoute, AWS Direct Connect).

Ziel ist eine einheitliche Benutzererfahrung, konsistente Sicherheitsrichtlinien und ein transparenter Datenaustausch zwischen Systemen.

7.7 Cloud-Betrieb kontinuierlich optimieren

Der Cloud-Betrieb ist kein statisches Ziel, sondern ein kontinuierlicher Verbesserungsprozess. Unternehmen müssen ihre Prozesse, Architekturen und Tools regelmäßig evaluieren und anpassen.

Optimierungspotenziale:

- Ressourcennutzung: Automatisches Abschalten nicht genutzter Ressourcen, Anpassung von Instanzgrößen.
- Kostenoptimierung: Identifikation teurer Dienste, Wechsel zu günstigeren Angeboten.
- Performance-Tuning: Analyse von Latenzen, Datenbankabfragen und Schnittstellenverhalten.
- Nutzerfeedback: Systematische Sammlung und Auswertung von Rückmeldungen zur Bedienung und Stabilität.

Ein systematischer Review-Prozess (z. B. monatlich oder quartalsweise) kann helfen, den Betrieb stetig zu verbessern.

8.1 Grundlagen der Cloud-Sicherheit

Cloud-Sicherheit umfasst alle Maßnahmen und Strategien, die erforderlich sind, um Daten, Anwendungen und Infrastrukturen in Cloud-Umgebungen gegen Bedrohungen zu schützen. Die spezifischen Anforderungen unterscheiden sich dabei grundlegend von klassischen IT-Sicherheitskonzepten, da Cloud-Infrastrukturen dynamischer, verteilter und offener gestaltet sind.

Grundprinzipien der Cloud-Sicherheit:

- Shared Responsibility Model: Cloud-Anbieter und Kunden teilen sich die Verantwortung für die Sicherheit. Während der Anbieter die Infrastruktur absichert, ist der Kunde für Daten, Konfiguration und Zugriffskontrollen zuständig.
- Vertraulichkeit, Integrität, Verfügbarkeit (CIA): Diese drei Schutzziele gelten auch in der Cloud – müssen aber an Cloud-spezifische Risiken angepasst werden.
- Sicherheits- und Compliance-by-Design: Sicherheitsanforderungen werden von Anfang an in Architektur, Prozesse und Anwendungen integriert.

Typische Bedrohungen in der Cloud:

- Fehlkonfiguration von Zugriffsrechten
- Datenabflüsse durch API-Missbrauch
- Ransomware-Angriffe auf Cloud-Speicher
- Schatten-IT und unkontrollierte Nutzung von Cloud-Diensten

8.2 Zero Trust: Ein Paradigmenwechsel in der IT-Sicherheit

Das Zero-Trust-Modell basiert auf dem Grundsatz: „Vertraue niemandem – weder innerhalb noch außerhalb des Netzwerks". Es ersetzt das traditionelle Sicherheitskonzept des „perimeterbasierten Schutzes" durch eine kontinuierliche, kontextbezogene Verifizierung.

Kernprinzipien des Zero-Trust-Modells:

- Explizite Verifizierung: Jeder Zugriff wird individuell geprüft – basierend auf Identität, Geräteprofil, Standort und Kontext.
- Least Privilege Access: Nutzer erhalten nur exakt die Zugriffsrechte, die sie für ihre Tätigkeit benötigen.
- Mikrosegmentierung: Netzwerkressourcen werden granular voneinander getrennt, um seitliche Bewegungen im Falle eines Angriffs zu verhindern.
- Kontinuierliches Monitoring: Alle Aktivitäten werden protokolliert, analysiert und bei Anomalien sofort gemeldet.

Zero Trust ist besonders in Cloud-Umgebungen effektiv, da dort der klassische Netzwerkperimeter entfällt. Cloud-Services werden meist über das Internet bereitgestellt – ein erhöhtes Risiko für Angriffe auf schlecht gesicherte Schnittstellen.

8.3 Identity- und Access-Management (IAM) als Sicherheitsanker

Eine zentrale Komponente jeder Cloud-Sicherheitsstrategie ist ein leistungsfähiges Identity- und Access-Management (IAM). Es steuert, wer wann worauf zugreifen darf – und unter welchen Bedingungen.

Wichtige Funktionen von IAM-Systemen:

- Zentrale Nutzerverwaltung: Anlegen, Ändern und Löschen von Benutzerkonten über zentrale Verzeichnisdienste (z. B. Azure Active Directory).
- Rollenbasierte Zugriffskontrolle (RBAC): Zugriffsrechte werden auf Basis vordefinierter Rollen vergeben – nicht individuell.
- Policy-based Access Control (PBAC): Erweiterung von RBAC durch kontextbezogene Regeln (z. B. Uhrzeit, Standort, Gerätetyp).
- Single Sign-On (SSO): Einmalige Anmeldung für mehrere Dienste – erhöht Benutzerfreundlichkeit und Sicherheit.
- Multifaktor-Authentifizierung (MFA): Zusätzliche Schutzebene über Token, SMS, Apps oder biometrische Verfahren.

Moderne IAM-Systeme sind Cloud-native, skalierbar und lassen sich mit Drittsystemen integrieren. Sie bilden die Basis für die Umsetzung von Zero Trust.

8.4 Sichere Konfiguration und Automatisierung

Fehlkonfigurationen sind eine der häufigsten Ursachen für Sicherheitsvorfälle in der Cloud. Offene S3-Buckets, öffentlich erreichbare Datenbanken oder unverschlüsselte Schnittstellen sind typische Beispiele. Daher ist eine standardisierte, automatisierte Konfiguration essenziell.

Maßnahmen zur sicheren Konfiguration:

- Infrastructure as Code (IaC): Automatisierte Bereitstellung von Ressourcen inklusive Sicherheitsrichtlinien.
- Security Policies: Durchsetzung unternehmensweiter Vorgaben durch Policies und Compliance-Richtlinien.
- Audits und Scans: Regelmäßige Überprüfung der Konfiguration durch Tools wie AWS Config, Azure Policy oder Cloud Custodian.
- Berechtigungsprüfung: Analyse von Rollen und Zugriffsrechten auf Überprivilegierung.

Security Automation ermöglicht die automatische Erkennung, Meldung und teilweise Behebung von Sicherheitsverstößen – ohne manuelles Eingreifen. Das reduziert Risiken und verbessert die Reaktionsgeschwindigkeit im Sicherheitsfall.

8.5 Verschlüsselung und Datenschutz

Datenschutz und Verschlüsselung sind zentrale Anforderungen in der Cloud – insbesondere in Europa, wo die DSGVO strikte Vorgaben macht. Unternehmen müssen sicherstellen, dass sensible Daten zu jeder Zeit geschützt sind – bei Speicherung, Übertragung und Verarbeitung.

Verschlüsselungsansätze:

- At-Rest Encryption: Daten werden im Speicher verschlüsselt – z. B. mit AES-256.

- In-Transit Encryption: Verschlüsselung bei der Übertragung – typischerweise via TLS 1.2 oder 1.3.
- End-to-End Encryption: Daten werden beim Sender verschlüsselt und erst beim Empfänger wieder entschlüsselt – ohne Zugriffsmöglichkeit durch den Cloud-Anbieter.
- Bring Your Own Key (BYOK): Kunden verwalten ihre eigenen Schlüssel – unabhängig vom Anbieter.
- Confidential Computing: Daten werden sogar während der Verarbeitung in einem Trusted Execution Environment (TEE) verschlüsselt gehalten.

Ein DSGVO-konformer Cloud-Betrieb setzt voraus, dass personenbezogene Daten nur unter Einhaltung der Prinzipien von Zweckbindung, Datenminimierung und Speicherbegrenzung verarbeitet werden.

8.6 Logging, Monitoring und Incident Response

Ein effektives Sicherheitsmonitoring ist unverzichtbar, um Bedrohungen in Echtzeit zu erkennen und darauf zu reagieren. Hierzu gehört das zentrale Sammeln, Analysieren und Auswerten von Protokolldaten (Logs) aller Cloud-Dienste.

Schritte eines modernen Monitoring-Ansatzes:

- Log Aggregation: Zentralisierung aller Logs (z. B. über ELK Stack, Splunk, AWS CloudTrail, Azure Monitor).
- Anomalie-Erkennung: Einsatz von KI-gestützten Tools zur Identifikation verdächtiger Aktivitäten.
- Alarme & Eskalationen: Automatisierte Benachrichtigungen an SOC-Teams bei sicherheitsrelevanten Ereignissen.
- Dashboards: Visuelle Aufbereitung der sicherheitsrelevanten Metriken und KPIs.
- Forensik: Rückverfolgbarkeit aller sicherheitsrelevanten Ereignisse zur Analyse und Beweissicherung.

Incident-Response-Pläne definieren Abläufe, Zuständigkeiten und Eskalationsstufen im Falle eines Sicherheitsvorfalls. Ziel ist es, Schäden zu minimieren und Geschäftskontinuität sicherzustellen.

Sicherheitszertifikate helfen dabei, Vertrauen in Cloud-Lösungen aufzubauen – sowohl intern als auch gegenüber Kunden und Partnern. Gleichzeitig erleichtern sie die Einhaltung gesetzlicher und branchenspezifischer Anforderungen.

Relevante Zertifizierungen:

- ISO/IEC 27001: Internationaler Standard für Informationssicherheitsmanagement.
- BSI C5: Deutscher Cloud-spezifischer Standard mit umfassenden Sicherheitsanforderungen.
- SOC 2: US-Standard für Sicherheit, Verfügbarkeit, Integrität, Vertraulichkeit und Datenschutz.
- TISAX: Speziell für die Automobilindustrie – mit Fokus auf Schutzbedarfe im B2B-Umfeld.
- CSA STAR: Cloud Security Alliance – Zertifizierung der Sicherheitspraktiken von Cloud-Anbietern.

Regelmäßige Audits helfen dabei, Sicherheitsmaßnahmen auf dem neuesten Stand zu halten. Interne Audits, externe Penetrationstests und Vulnerability Scans sind dabei Standardinstrumente.

9.1 Einführung: Warum Praxisbeispiele entscheidend sind

Praxisbeispiele dienen nicht nur der Veranschaulichung theoretischer Konzepte, sondern sind essenziell für das Verständnis konkreter Herausforderungen, Lösungsansätze und Erfolgsfaktoren. Gerade für mittelständische Unternehmen, die sich in ihrer Struktur, ihren Ressourcen und ihrer Risikobereitschaft von Großunternehmen unterscheiden, sind realitätsnahe Einblicke entscheidend.

Erfahrungsberichte zeigen, wie Cloud-Projekte im Alltag ablaufen, welche Stolpersteine zu bewältigen sind und wie andere Unternehmen vergleichbare Probleme gelöst haben. Sie geben Mut zur Transformation und schaffen Orientierung bei strategischen Entscheidungen.

9.2 Fallstudie 1: Cloud-Transformation in einem Maschinenbauunternehmen

Unternehmensprofil:

Ein mittelständischer Maschinenbauer aus Baden-Württemberg mit 350 Mitarbeitern, spezialisiert auf Präzisionsanlagen für die Automobil- und Luftfahrtindustrie.

Ausgangssituation:

- Lokales Rechenzentrum mit veralteter Hardware
- ERP-System stark individualisiert, auf AS/400-Basis
- Hohe Wartungskosten und wenig Innovationsspielraum

Zielsetzung der Cloud-Initiative:

- Modernisierung der IT-Infrastruktur
- Einführung eines cloudbasierten ERP-Systems
- Aufbau einer Datenplattform für Predictive Maintenance

Umsetzung:

- Analyse der IT-Landschaft, Auswahl einer Hybrid-Cloud-Strategie
- Einführung von Microsoft Azure für Infrastruktur- und Datenplattform
- Wechsel zu einem modernen SaaS-ERP (Business Central)

- Schulung von Mitarbeitern, Aufbau eines IT-Kompetenzteams

Ergebnisse:

- Senkung der IT-Kosten um 23 % in zwei Jahren
- Verbesserung der Liefergenauigkeit durch Echtzeit-Daten
- Schnellere Reaktionszeiten im Service durch Cloud-Zugriff

Lessons Learned:

- Change Management war entscheidend für die Akzeptanz
- Die schrittweise Migration (Modul für Modul) war risikoarm
- Zusammenarbeit mit einem spezialisierten Cloud-Integrator brachte Stabilität

9.3 Fallstudie 2: Einführung einer Multi-Cloud-Strategie im Handel

Unternehmensprofil:

Ein familiengeführtes Einzelhandelsunternehmen mit 120 Filialen in Deutschland und Österreich. Zentrale in Bayern, über 1.500 Mitarbeiter.

Problemstellung:

- Dezentral gewachsene IT-Infrastruktur mit lokalen Servern in Filialen
- Kein zentrales Monitoring, hohe Ausfallwahrscheinlichkeit
- Schwierige Skalierung bei neuen Filialeröffnungen

Zielsetzung:

- Zentralisierung der IT-Services in der Cloud
- Nutzung von SaaS-Anwendungen für Buchhaltung, Lagerverwaltung, Kommunikation
- Aufbau eines Data Warehouses zur Optimierung der Einkaufsprozesse

Vorgehen:

- Analyse der IT-Architektur, Umstellung auf zentrale Verwaltung
- Entscheidung für eine Multi-Cloud-Strategie mit AWS (Infrastruktur) und Google Cloud (Analytics)
- Integration mit bestehenden Kassensystemen via API

- Einführung eines cloudbasierten E-Mail- und Collaboration-Tools (Google Workspace)

Erfolge:

- Ausfallzeiten um 89 % reduziert
- Lagerumschlag um 12 % verbessert durch optimierte Datenanalyse
- Verbesserte Kommunikation durch unternehmensweite Vernetzung

Erfahrungen:

- Multi-Cloud erhöht Komplexität – Monitoring zentral wichtig
- Ein erfahrener Projektmanager war entscheidend
- Standardisierte APIs erleichterten die Integration erheblich

9.4 Fallstudie 3: Cloud-native Produktentwicklung bei einem Start-up im Gesundheitswesen

Unternehmensprofil:

Ein junges Unternehmen mit Fokus auf digitale Therapielösungen und medizinische Apps. Sitz in Berlin, rund 40 Mitarbeitende.

Projektziel:

- Aufbau einer sicheren, skalierbaren Plattform zur Bereitstellung einer medizinischen App
- Einhaltung der DSGVO und Anforderungen des BfArM für digitale Gesundheitsanwendungen (DiGA)
- Integration von KI zur Analyse von Vitaldaten

Umsetzung:

- Entwicklung der gesamten Plattform cloud-native mit Kubernetes, Docker, GitOps
- Hosting auf einer europäischen PaaS-Lösung (z. B. IONOS Cloud)
- Integration von Auth0 für Identity-Management und Compliance-Kontrollen

- Implementierung eines CD/CI-Prozesses für schnelle Releases

Ergebnisse:

- Produktentwicklung in unter 9 Monaten abgeschlossen
- Zulassung als DiGA erfolgreich, Aufnahme in das Verzeichnis erstattungsfähiger Gesundheits-Apps
- Hohe Skalierbarkeit bei gleichzeitiger Einhaltung strenger Datenschutzanforderungen

Lerneffekte:

- Sicherheit muss von Anfang an eingebaut sein (Security by Design)
- Cloud-native Entwicklung ermöglichte schnelle Iterationen
- Zusammenarbeit mit Regulatorik-Experten war zentral für den Erfolg

9.5 Fallstudie 4: Digitalisierung der Produktion durch Edge- und Cloud-Kombination

Unternehmensprofil:

Ein Hersteller von Industriemaschinen mit 800 Beschäftigten und internationalem Kundenstamm. Produktion in NRW, Vertrieb weltweit.

Ausgangslage:

- Maschinen liefern Echtzeitdaten, aber keine zentrale Auswertung
- Produktionsoptimierung durch manuelle Auswertung der Daten
- Keine Übersicht über Maschinenausfälle oder Wartungszyklen

Ziel:

- Aufbau eines Systems zur Echtzeit-Überwachung aller Produktionslinien
- Datenverarbeitung direkt an der Maschine (Edge)
- Langfristige Auswertung, Machine Learning und Visualisierung in der Cloud

Lösung:

- Einführung eines Edge Computing Frameworks auf Basis von Siemens Industrial Edge
- Verbindung zur Microsoft Azure Cloud zur Speicherung und Analyse

- Entwicklung eines Dashboards für Werksleiter, Produktionsplaner, Instandhaltung

Resultate:

- Maschinenausfälle um 27 % reduziert
- Reaktionszeit bei Fehlern von durchschnittlich 2 Stunden auf 17 Minuten verkürzt
- Produktionsleistung durch gezielte Maßnahmen um 8 % erhöht

Schlüssel zum Erfolg:

- Edge-Komponenten erlauben geringe Latenz bei kritischen Prozessen
- Die Cloud bietet analytische Tiefe und Langzeitspeicherung
- Kooperative Entwicklung zwischen IT und Fertigung war entscheidend

9.6 Auswertung und systematische Erfolgsfaktoren

Die dargestellten Fallstudien zeigen deutlich: Es gibt keinen Königsweg für den erfolgreichen Einsatz von Cloud-Technologien im Mittelstand. Vielmehr hängt der Erfolg von mehreren, wiederkehrenden Faktoren ab:

1. Klare Zieldefinition:

Jedes erfolgreiche Projekt hatte eine präzise Zielsetzung – sei es Kostensenkung, Innovationsförderung oder Prozessoptimierung.

2. Frühzeitige Einbindung der Stakeholder:

IT, Fachbereiche und Geschäftsleitung arbeiteten zusammen – das reduzierte Reibung und erhöhte die Akzeptanz.

3. Strategische Architekturentscheidungen:

Public, Private, Hybrid oder Multi-Cloud – je nach Branche und Datenschutzanforderung wurden passende Architekturen gewählt.

4. Change Management:

Schulungen, Kommunikationspläne und Supportstrukturen begleiteten die Einführung neuer Systeme.

5. Iterative Umsetzung:

Statt Big Bang erfolgte die Einführung oft schrittweise – beginnend mit MVPs, Piloten und einzelnen Modulen.

Diese Erfolgsfaktoren lassen sich als Blaupause für mittelständische Unternehmen nutzen, die ihre Digitalisierung durch Cloud-Technologien vorantreiben wollen.

10.1 Cloud-native Entwicklung und DevOps

Die Zukunft der Cloud liegt in der nativen Nutzung ihrer Möglichkeiten. Cloud-native Entwicklung bezeichnet das Design, den Aufbau und Betrieb von Anwendungen, die von Anfang an für den Einsatz in der Cloud konzipiert wurden.

Zentrale Merkmale cloud-nativer Applikationen:

- Microservices-Architekturen: Anwendungen bestehen aus vielen kleinen, unabhängigen Diensten.
- Containerisierung: Dienste werden in Container (z. B. Docker) verpackt und können flexibel in der Cloud betrieben werden.
- Orchestrierung: Tools wie Kubernetes verwalten die Container automatisch hinsichtlich Skalierung, Load-Balancing und Redundanz.
- DevOps-Praktiken: Entwicklung (Development) und Betrieb (Operations) arbeiten eng zusammen. Kontinuierliche Integration (CI) und kontinuierliche Auslieferung (CD) beschleunigen die Release-Zyklen.

Der Mittelstand profitiert durch:

- Schnellere Innovationszyklen
- Bessere Auslastung der IT-Ressourcen
- Verbesserte Skalierbarkeit und Ausfallsicherheit

10.2 Künstliche Intelligenz und Machine Learning in der Cloud

Cloud-Technologien sind die Basis für den flächendeckenden Einsatz von KI und Machine Learning. Nur in der Cloud stehen ausreichend Rechenleistung, Speicher und Datenpipelines zur Verfügung, um KI-Modelle effizient zu trainieren und bereitzustellen.

Beispiele für KI-Anwendungen im Mittelstand:

- Predictive Maintenance: Vorausschauende Wartung basierend auf Sensordaten.

- Intelligente Kundenservices: Chatbots und Sprachassistenten für die Kundenbetreuung.
- Prozessautomatisierung: KI-gestützte Auswertung von Dokumenten, Rechnungen oder E-Mails.

Cloud-Anbieter wie AWS (SageMaker), Azure (ML Studio) oder Google Cloud (Vertex AI) bieten Low-Code-Lösungen zur Integration von KI in Unternehmensprozesse – auch für Unternehmen ohne eigenes Data-Science-Team.

10.3 Gaia-X und souveräne Cloud-Initiativen

Mit Gaia-X hat Europa eine Initiative ins Leben gerufen, um eine offene, transparente und sichere Dateninfrastruktur zu etablieren – als Alternative zu den US-dominierten Hyperscalern.

Ziele von Gaia-X:

- Datenhoheit: Unternehmen behalten Kontrolle über ihre Daten.
- Interoperabilität: Standardisierte Schnittstellen und Austauschformate.
- Transparenz: Klarheit über Datenflüsse, Herkunft und Verarbeitungsorte.

Für den Mittelstand entstehen daraus Chancen:

- Vertrauen in europäische Lösungen wird gestärkt.
- Neue Anbieter und Plattformen entstehen (z. B. Catena-X, Open Telekom Cloud).
- Zertifizierungen (z. B. Gaia-X-konforme Dienste) schaffen Rechtssicherheit.

Gaia-X ist keine Konkurrenz zu AWS oder Azure, sondern ein Ordnungsrahmen für vertrauenswürdige Cloud-Ökosysteme.

10.4 Nachhaltigkeit und Green IT in der Cloud

Nachhaltigkeit wird auch in der IT zum zentralen strategischen Thema. Der Betrieb eigener Rechenzentren verursacht hohe Emissionen durch Stromverbrauch und Kühlung. Die Cloud bietet Chancen für eine energieeffizientere IT-Nutzung.

Nachhaltigkeitsvorteile der Cloud:

- Skaleneffekte: Große Rechenzentren nutzen Hardware effizienter.
- Erneuerbare Energien: Viele Anbieter setzen auf grüne Energie (z. B. Google 100 % erneuerbar).
- Serverless Computing: Ressourcen werden nur bei Bedarf genutzt – kein „Leerlaufverbrauch".
- Lebenszyklus-Optimierung: Cloud-Anbieter achten auf Hardware-Recycling und Ressourcenschonung.

Unternehmen können über Dashboards wie den „Azure Sustainability Calculator" oder „AWS Customer Carbon Footprint Tool" ihre Emissionen überwachen und gezielt reduzieren.

10.5 Serverless und Function-as-a-Service

Ein aufstrebender Trend ist die serverlose Architektur, bei der Unternehmen keine Server mehr betreiben oder verwalten – stattdessen werden nur noch Funktionen ausgelöst, wenn sie gebraucht werden.

Beispiel: Eine E-Mail-Benachrichtigung wird über einen kleinen Code-Snippet ausgelöst, sobald ein Formular abgeschickt wird – ohne dauerhafte Serverbereitstellung.

Vorteile von Serverless:

- Keine laufenden Kosten für ungenutzte Ressourcen
- Hohe Skalierbarkeit bei plötzlichen Lastspitzen
- Schnellere Entwicklungszyklen
- Weniger Verwaltungsaufwand für IT-Teams

FaaS-Angebote (Function as a Service) wie AWS Lambda, Azure Functions oder Google Cloud Functions machen diese Entwicklung für den Mittelstand zugänglich.

10.6 Cloud-Marktplätze und Ökosysteme

Cloud-Marktplätze gewinnen rasant an Bedeutung. Sie ermöglichen es Unternehmen, Software und Dienste direkt aus der Cloud-Plattform zu beziehen und zu integrieren.

Beispiele:

- AWS Marketplace: Tausende Softwareprodukte zur Integration in AWS-Umgebungen.
- Azure Marketplace: ERP, CRM, Sicherheitstools direkt einsatzbereit.
- IONOS Cloud Marketplace: Fokus auf den europäischen Mittelstand.

Vorteile:

- Schnelle Bereitstellung und Abrechnung
- Standardisierte Lizenzierung
- Kompatibilität mit bestehender Infrastruktur

Für Softwareanbieter entsteht ein neuer Vertriebskanal. Für Anwenderunternehmen vereinfachen sich Beschaffung, Integration und Betrieb erheblich.

10.7 Edge Computing und die Verschmelzung mit der Cloud

Mit dem Aufkommen von IoT, Industrie 4.0 und smarten Geräten wächst der Bedarf an Datenverarbeitung direkt am Ort des Geschehens. Edge Computing ergänzt die Cloud, indem es Latenz reduziert und Ausfallsicherheit erhöht.

Beispiele für Edge-Cloud-Kombinationen:

- Produktionsmaschinen, die Sensordaten lokal analysieren und nur Ergebnisse an die Cloud senden.
- Logistikzentren, in denen Kamera-Feeds in Echtzeit ausgewertet werden, ohne Internetverbindung.
- Autonom fahrende Fahrzeuge mit lokaler Entscheidungslogik, aber zentralem Cloud-Training.

Edge Computing erfordert neue Architekturen, z. B. hybride Cloud-Plattformen mit Edge-Nodes, Sicherheitskonzepten für dezentrale Geräte und orchestrierbaren Update-Mechanismen.

A.1 Checklisten und Vorlagen

Checkliste: Cloud-Readiness

- Besteht ein vollständiges IT-Inventar?
- Ist eine Zieldefinition für die Cloud-Strategie vorhanden?
- Wurden rechtliche Rahmenbedingungen geprüft?
- Ist ein Budget für Migration und Betrieb eingeplant?
- Sind Sicherheitsrichtlinien dokumentiert?
- Besteht internes Know-how für Cloud-Projekte?
- Gibt es eine Stakeholder-Analyse?

Checkliste: Anbieterbewertung

- Liegen Zertifizierungen (ISO 27001, BSI C5 etc.) vor?
- Werden Datenschutzanforderungen erfüllt (DSGVO, AV-Vertrag)?
- Gibt es eine klare SLAs (Verfügbarkeit, Reaktionszeiten)?
- Ist der Support deutschsprachig verfügbar?
- Besteht ein Exit-Szenario im Vertrag?
- Ist eine Kostenkalkulation (TCO) möglich?

Vorlage: Zielbild Cloud-Strategie (Kurzfassung)

- Ausgangslage: (technisch, organisatorisch)
- Zielsetzung: (z. B. Skalierung, Innovation, Kostenreduktion)
- Strategieansatz: (z. B. Hybrid-Cloud, SaaS-Fokus)
- Umsetzungsschritte: (z. B. Pilot, Rollout, Schulung)
- KPIs: (z. B. Uptime, Nutzerakzeptanz, Projektbudget)

Cloud Computing: Bereitstellung von IT-Ressourcen wie Speicher, Rechenleistung und Anwendungen über das Internet.

SaaS: Software as a Service – vollständige Anwendungen, die über die Cloud genutzt werden können.

IaaS: Infrastructure as a Service – Bereitstellung von Infrastrukturkomponenten wie Servern und Speicher in der Cloud.

PaaS: Platform as a Service – Plattformen zur Entwicklung, Bereitstellung und Verwaltung von Anwendungen.

Hybrid Cloud: Kombination aus privaten und öffentlichen Cloud-Lösungen.

Multi-Cloud: Nutzung mehrerer Cloud-Anbieter parallel zur Reduktion von Abhängigkeiten.

Zero Trust: Sicherheitskonzept, das keine standardmäßigen Vertrauensstellungen erlaubt und alle Zugriffe verifiziert.

IAM: Identity and Access Management – System zur Verwaltung von Benutzeridentitäten und Zugriffsrechten.

DevOps: Kollaborativer Ansatz zur Verzahnung von Softwareentwicklung und IT-Betrieb.

Gaia-X: Europäische Initiative zur Entwicklung einer souveränen, interoperablen Cloud-Infrastruktur.

FinOps: Kombination von Finanz-, IT- und Betriebsprozessen zur Kontrolle von Cloud-Kosten.

Edge Computing: Datenverarbeitung am Ort der Datenerzeugung – z. B. in Maschinen oder Geräten – nahe am Nutzer.

CI/CD: Continuous Integration / Continuous Deployment – automatisierte Entwicklungs- und Auslieferungsprozesse.

Kubernetes: Open-Source-System zur Automatisierung von Container-Orchestrierung.

Infrastructure as Code (IaC): Automatisierte Infrastrukturverwaltung durch deklarative Konfigurationsdateien.

DIGITAL BUSINESS NAVIGATOR: Ihr Werkzeug für die Entwicklung einer zukunftsorientierten Cloud-Strategie im Mittelstand

Der **DIGITAL BUSINESS NAVIGATOR (DBN)** ist ein strukturiertes Analyse- und Entscheidungsinstrument, das mittelständische Unternehmen dabei unterstützt, ihre Cloud-Strategie gezielt zu entwickeln, den Status quo zu analysieren und konkrete, praxisnahe Maßnahmen abzuleiten. Dabei geht es nicht nur um Technologie – sondern um das Zusammenspiel aus **Strategie, Strukturen, Prozessen, Unternehmenskultur und Systemen.**

Cloud ist längst mehr als nur ein IT-Thema – sie ist ein zentraler Bestandteil moderner Geschäftsmodelle und digitaler Wertschöpfung. Der DBN bringt Klarheit in komplexe Entscheidungsprozesse und unterstützt Unternehmen dabei, ihre Cloud-Transformation strategisch und strukturiert anzugehen.

Das leistet der Digital Business Navigator im Kontext Cloud-Strategie:

1. **Systematische Reifegradanalyse**

   Der DBN erfasst den digitalen Entwicklungsstand Ihres Unternehmens – inklusive der Cloud-Readiness – auf Basis eines wissenschaftlich fundierten Modells mit fünf zentralen Handlungsfeldern:

   - Strategie & Geschäftsmodell (inkl. Cloud-Ziele)
   - Strukturen & Rollen (Cloud Governance & Verantwortung)
   - Prozesse & Wertschöpfung (Cloud-basierte Abläufe)
   - Technologien & Daten (Cloud-Architektur, Integration, Sicherheit)
   - Kultur & Kompetenzen (Cloud-Mindset und Skills)

2. **Benchmarking & Standortbestimmung**

   Sie erfahren, wo Ihr Unternehmen im Cloud-Kontext im Vergleich zur Branche steht – intern wie extern. So erkennen Sie, wo Handlungsbedarf besteht und welche Bereiche Sie priorisieren sollten.

3. **Ableitung konkreter Handlungsfelder**

   Der DBN identifiziert zentrale Handlungsfelder für Ihre Cloud-Strategie – von kurzfristigen Optimierungen bis zu langfristigen Transformationszielen.

4. **Individuelle Cloud-Roadmap**

   Auf Basis der Analyse entsteht eine klare, realistische und messbare

Roadmap für Ihre Cloud-Transformation – mit Fokus auf Umsetzung im mittelständischen Umfeld.

5. **Intuitive Visualisierung & Teamfähigkeit**
   Die Ergebnisse lassen sich verständlich in Dashboards und Heatmaps darstellen – ideal zur Kommunikation mit Geschäftsführung, IT und Fachbereichen.

6. **Fortschrittsmessung und Iteration**
   Der DBN kann wiederholt eingesetzt werden, um die Entwicklung Ihrer Cloud-Strategie über Zeit zu begleiten, Erfolge zu messen und kontinuierlich nachzusteuern.

Nutzen Sie die Chance

Viele mittelständische Unternehmen steigen in die Cloud-Nutzung ein – aber oft ohne klare Strategie. Der **Digital Business Navigator** hilft Ihnen, Cloud nicht als Einzellösung, sondern als integralen Bestandteil Ihrer digitalen Gesamtstrategie zu verstehen und umzusetzen.

Der Navigator eignet sich ideal als:

- Startpunkt für die Entwicklung einer Cloud-Strategie
- Unterstützung bei Technologieentscheidungen (z. B. SaaS, PaaS, IaaS)
- Grundlage für Workshops zur Cloud-Transformation
- Kommunikationsmittel zwischen IT und Geschäftsführung
- Tool zur Fortschrittsmessung in Cloud-Projekten

Jetzt kostenfrei starten

Wenn Sie Klarheit und Struktur für Ihre Cloud-Strategie suchen, laden wir Sie herzlich ein, den **DIGITAL BUSINESS NAVIGATOR** kostenfrei im Entry-Tarif zu nutzen:

☞ https://onboarding.digital-business-guides.com

Bei Fragen rund um Cloud-Strategie, Digitalisierung und den DIGITAL BUSINESS NAVIGATOR stehe ich Ihnen gerne persönlich zur Verfügung:

✉ ap@poertner-consulting.de

Ich wünsche Ihnen viel Erfolg auf dem Weg in die Cloud!

Ihr Andreas Pörtner

Impressum

Ausgabe: 1/2025

Autor: Andreas Pörtner MSc BBA

eMail: ap@poertner-consulting.de

Telefon: 0170 / 5805472

Kontaktadresse:

pörtner consulting

Im Bruch 31

56414 Hundsangen

www.poertner-consulting

© 2025 Andreas Pörtner

Verlag: BoD · Books on Demand GmbH,

Überseering 33, 22297 Hamburg,

bod@bod.de

Druck: Libri Plureos GmbH, Friedensallee 273,

22763 Hamburg

ISBN: 978-3-8192-4998-3